Greek	Azerbaijani	Page
σχολείο	məktəp	2
ταξίδι	səyəxət	5
μεταφορά	transport	8
πόλη	şəhər	10
τοπίο	tirə-yün	14
εστιατόριο	restoran	17
σούπερ μάρκετ	supermarket	20
ποτά	eçemleklər	22
φαγητό	azıq	23
αγρόκτημα	çeftlek	27
σπίτι	yort	31
σαλόνι	qunaq bülməse	33
κουζίνα	aş bülməse	35
μπάνιο	yuınu bülməse	38
παιδικό δωμάτιο	bala bülməse	42
ρούχα	kiyem	44
γραφείο	ofis	49
οικονομία	iqtisad	51
επαγγέλματα	hönərlər	53
εργαλεία	ələtlər	56
μουσικά όργανα	muzıka alətlərе	57
ζωολογικός κήπος	xaywan baqçası	59
αθλήματα	sport törlərе	62
δραστηριότητες	itkenleklər	63
οικογένεια	ğailə	67
σώμα	tən	68
νοσοκομείο	xastaxanə	72
έκτακτη ανάγκη	kiçektergesez xəl	76
Γη	Cir	77
ρολόι	səğət	79
εβδομάδα	atna	80
έτος	yıl	81
σχήματα	şəkellər	83
χρώματα	töslər	84
αντίθετα	qapma-qarşılıqlar	85
αριθμοί	sannar	88
γλώσσες	tellər	90
ποιος / τι / πως	kem / nərsə / niçek	91
που	qayda	92

Impressum
Verlag: BABADADA GmbH, Nedderfeld 112 , 22529 Hamburg
Geschäftsführer / Verlagsleitung: Harald Hof
Druck: Books on Demand GmbH, In de Tarpen 42, 22848 Norderstedt

Imprint
Publisher: BABADADA GmbH, Nedderfeld 112 , 22529 Hamburg, Germany
Managing Director / Publishing direction: Harald Hof
Print: Books on Demand GmbH, In de Tarpen 42, 22848 Norderstedt

σχολείο
məktəp

σχολική τάξη / sıynıf bülməsə

διαιρώ / bülü

πίνακας / taqta

δάσκαλος / uqıtuçı

σχολική αυλή / məktəp ixatası

χαρτί / kəğəz

γράφω / yazarğa

στυλό / qələm

γραφείο / östəl

χάρακας / sızğıç

βιβλίο / kitap

μαθητής / uquçı

σχολική τσάντα
buqça

κασετίνα / μολυβοθήκη
qələmdan

μολύβι
qırandaş

ξύστρα
qələm oçlağıç

γόμα
betergeç

μπλοκ ζωγραφικής
rəsem dəftərə

ζωγραφική
rəsem

πινέλο
pumala

κουτί χρωμάτων
buyawlar tartması

ψαλίδι
qayçı

κόλλα
cilem

τετράδιο ασκήσεων
dəftər

εργασία για το σπίτι
öy eşe

αριθμός
san

προσθέτω
quşu

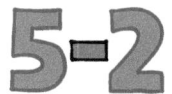

αφαιρώ
alu

πολλαπλασιάζω
tapqırlaw

υπολογίζω
isəpləw

γράμμα
xəref

αλφάβητο
əlifba

λέξη
süz

σχολείο - məktəp

κείμενο
tekst

διαβάζω
uqırğa

κιμωλία
aqbur

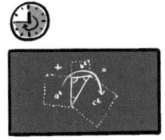

μάθημα
dəres

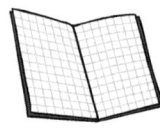

εγγράφομαι
sıynıf jurnalı

τεστ
imtixan

πιστοποιητικό
sertifikat

μαθητική στολή
məktəp forması

εκπαίδευση
məğərif

εγκυκλοπαίδεια
ensiklopediyə

πανεπιστήμιο
universitə

μικροσκόπιο
mikroskop

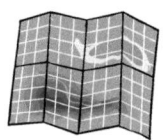

χάρτης
xarita

καλάθι αχρήστων
çüp qəğəz çiləge

σχολείο - məktəp

ταξίδι
səyəxət

ξενοδοχείο
qunaqxanə

ξενώνας
hostel

ανταλλακτήρια συναλλάγματος
valüta bürosı

βαλίτσα
baul

αυτοκίνητο
maşina

γλώσσα
tel

ναι / όχι
əye / yuq

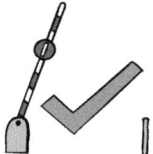

εντάξει
yarar

γεια σου
isənmesez

μεταφραστής
tərceməçe

Ευχαριστώ
Rəxmət

ταξίδι - səyəxət

πόσο κάνει ;
… küpme tora?

Δε καταλαβαίνω
min añlamıym

πρόβλημα
problem

Καλησπέρα!
Xəyerle kiç!

Καλημέρα!
Xəyerle irtə!

Καληνύχτα!
Tınıç yoqı!

Αντίο
saw bulığız

κατεύθυνση
yünəleş

αποσκευές
bagaj

τσάντα
buqça

σακίδιο πλάτης
biştər

καλεσμένος
qunaq

δωμάτιο
bülmə

υπνόσακος
yoqı qapçığı

σκηνή
çatır

ταξίδι - səyəxət

τουριστικές πληροφορίες
turist məğluməte

παραλία
qomsal

πιστωτική κάρτα
kredit kərte

πρωινό
irtənge aş

μεσημεριανό
töşlek

δείπνο
kiçke aş

εισιτήριο
bilet

ανελκυστήρας
lift

γραμματόσημο
marka

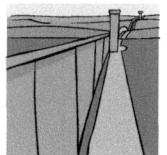

σύνορα
çik

τελωνείο
tamğaxanə

πρεσβεία
ilçelek

βίζα
viza

διαβατήριο
pasport

ταξίδι - səyəxət

μεταφορά
transport

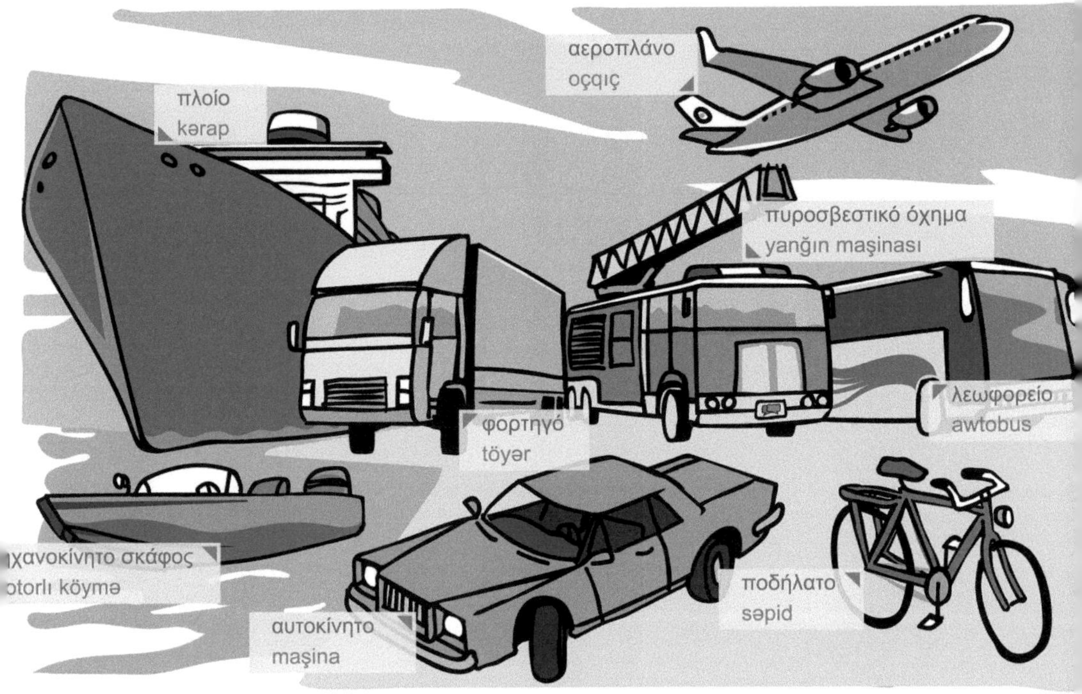

- αεροπλάνο / oçaqı
- πλοίο / kərap
- πυροσβεστικό όχημα / yanğın maşinası
- φορτηγό / töyər
- λεωφορείο / awtobus
- μηχανοκίνητο σκάφος / motorlı köymə
- αυτοκίνητο / maşina
- ποδήλατο / səpid

φεριμπότ
boram

βάρκα
köymə

μοτοσικλέτα
motosiklət

περιπολικό
polisə maşinası

αγωνιστικό αυτοκίνητο
uzış maşinası

ενοικιαζόμενο αυτοκίνητο
kiralıq maşina

διαμοιρασμός αυτοκινήτων	γερανός	απορριμματοφόρο
karşering	tartuçı	çüp töyəre

κινητήρας	καύσιμο	βενζινάδικο
motor	yağulıq	benzinlek
	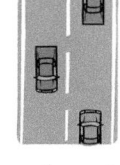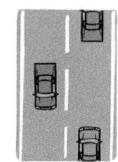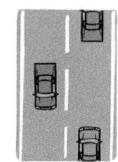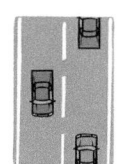	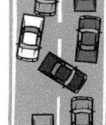
πινακίδα σήμανσης	κυκλοφορία	κυκλοφοριακή συμφόρηση
trafik bilgese	xərəkət	böke
		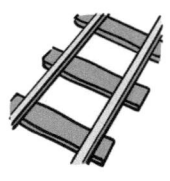
χώρος στάθμευσης	σιδηροδρομικός σταθμός	σιδηροδρομικές γραμμές
parking	stansa	rəy
	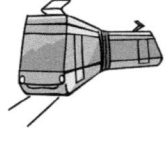	
τρένο	τραμ	βαγόνι
trən	tramway	vagon

μεταφορά - transport

ελικόπτερο
boralaq

αεροδρόμιο
hawa alanı

πύργος
manara

επιβάτης
yulçı

εμπορευματοκιβώτιο
konteyner

χαρτοκιβώτιο
alap

καρότσι
yök arbası

καλάθι
səbət

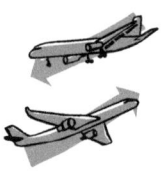
απογειώνομαι /
προσγειόνομαι
qalqu / töşü

πόλη
şəhər

χωριό
awıl

κέντρο της πόλης
şəhər üzəge

σπίτι
yort

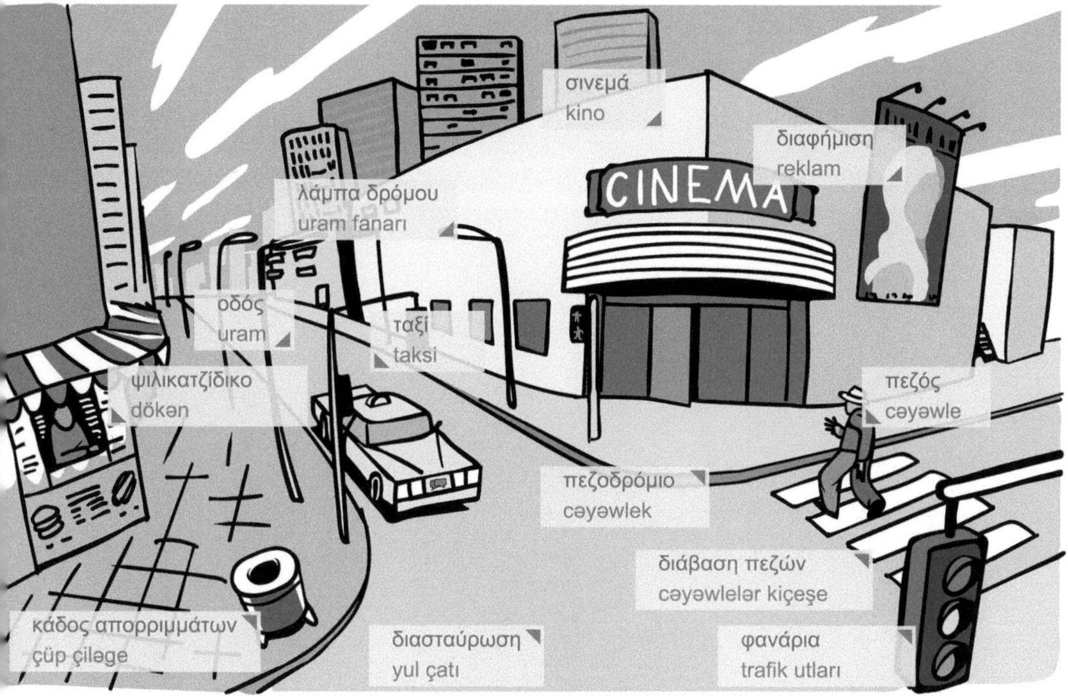

σινεμά / kino

διαφήμιση / reklam

λάμπα δρόμου / uram fanarı

οδός / uram

ταξί / taksi

ψιλικατζίδικο / dökən

πεζός / cəyəwle

πεζοδρόμιο / cəyəwlek

διάβαση πεζών / cəyəwlelər kiçeşe

κάδος απορριμμάτων / çüp çiləge

διασταύρωση / yul çatı

φανάρια / trafik utları

καλύβα

alaçıq

διαμέρισμα

fatir

σιδηροδρομικός σταθμός

stansa

δημαρχείο

şəhər xakimiyəte

μουσείο

yədkərxanə

σχολείο

məktəp

πόλη - şəhər

πανεπιστήμιο

universitə

τράπεζα

bank

νοσοκομείο

xastaxanə

ξενοδοχείο

qunaqxanə

φαρμακείο

daruxanə

γραφείο

ofis

βιβλιοπωλείο

kitap kibete

κατάστημα

kibet

ανθοπωλείο

çəçək kibete

σούπερ μάρκετ

supermarket

αγορά

bazar

πολυκατάστημα

zur kibet

ιχθυοπωλείο

balıq kibete

εμπορικό κέντρο

səwdə üzəge

λιμάνι

liman

πόλη - şəhər

 πάρκο / park	 παγκάκι / eskəmiyə	 γέφυρα / küper
 σκάλες / basqıç	 μετρό / metro	 τούνελ / tunnel
 στάση λεωφορείου / awtobus tuqtalışı	 μπαρ / bar	 εστιατόριο / restoran
 γραμματοκιβώτιο / yamıl tartması	 πινακίδα δρόμου / uram bilgese	 παρκόμετρο / parking sanağıçı
 ζωολογικός κήπος / xaywan baqçası	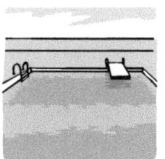 πισίνα / xəwezxanə	 τζαμί / məçet

πόλη - şəhər

αγρόκτημα
çeftlek

ρύπανση
kerlelek

νεκροταφείο
zirat

εκκλησία
çirkəw

παιδική χαρά
uyın alanı

ναός
ğibädätxanä

τοπίο
tirə-yün

- φύλλο / yafraq
- πινακίδα κατεύθυνσης / yul kürsətkeçe
- δρόμος / yul
- λιβάδι / bolın
- πέτρα / taş
- δέντρο / ağaç
- πεζοπόρος / yöreşçe
- ποτάμι / yılğa
- χορτάρι / ülən
- λουλούδι / çəçək

κοιλάδα
üzən

λόφος
qalqulıq

λίμνη
kül

δάσος
urman

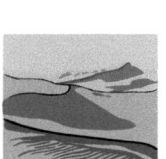
έρημος
çül

ηφαίστειο
yanartaw

κάστρο
nığıtma

ουράνιο τόξο
salawat küpere

μανιτάρι
gömbə

φοίνικας
palma

κουνούπι
çerki

μύγα
çeben

μυρμήγκι
qırmısqa

μέλισσα
bal qortı

αράχνη
ürməküç

τοπίο - tirə-yün

σκαθάρι
qoñğız

βάτραχος
baqa

σκίουρος
tiyen

σκαντζόχοιρος
kerpe

λαγός
quyan

κουκουβάγια
yabalaq

πουλί
qoş

κύκνος
aqqoş

αγριογούρουνο
qaban duñğızı

ελάφι
bolan

άλκη
poşıy

φράγμα
tuan

ανεμογεννήτρια
cir turbinı

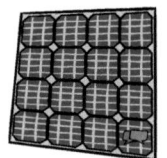

ηλιακός συλλέκτης
qoyaş panele

κλίμα
iqlim

εστιατόριο
restoran

σερβιτόρος
tabınçı

κατάλογος
saylaq

καρέκλα
urındıq

πίτσα
pitsa

σούπα
aş

τραπεζομάντιλο
aşyawlıq

μαχαιροπίρουνα
çəneçke-pıçaq taqımı

ορεκτικό
qabımlıq

κύριο πιάτο
töp aşamlıq

επιδόρπιο
tatlı

ποτά
eçemleklər

φαγητό
azıq

μπουκάλι
şeşə

φαστ φουντ
fastfud

φαγητό στ' όρθιο
uram rizıġı

τσαγιέρα
çəygün

δοχείο ζάχαρης
şikər sawıtı

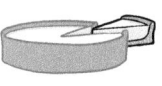

μερίδα
salım

μηχανή εσπρέσο
espresso maşini

ψηλή καρέκλα
biyek urındıq

λογαριασμός
xisap

δίσκος
töger

μαχαίρι
pıçaq

πιρούνι
çənecke

κουτάλι
qaşıq

κουταλάκι του τσαγιού
çəy qaşıġı

πετσέτα φαγητού
tastımal

ποτήρι
tustağan

εστιατόριο - restoran

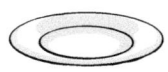

πιάτο
tabaq

πιάτο σούπας
aş tabağı

πιατάκι φλιτζανιού
cəypək

σάλτσα
sous

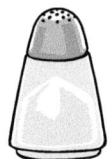

αλατιέρα
toz sawıtı

μύλος για πιπέρι
borıç tegerməne

ξύδι
serkə

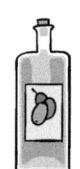

λάδι
sıyıq may

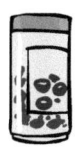 

μπαχαρικά
təmlətkeç

κέτσαπ
ketçup

μουστάρδα
xərdəl

μαγιονέζα
mayonez

εστιατόριο - restoran

σούπερ μάρκετ
supermarket

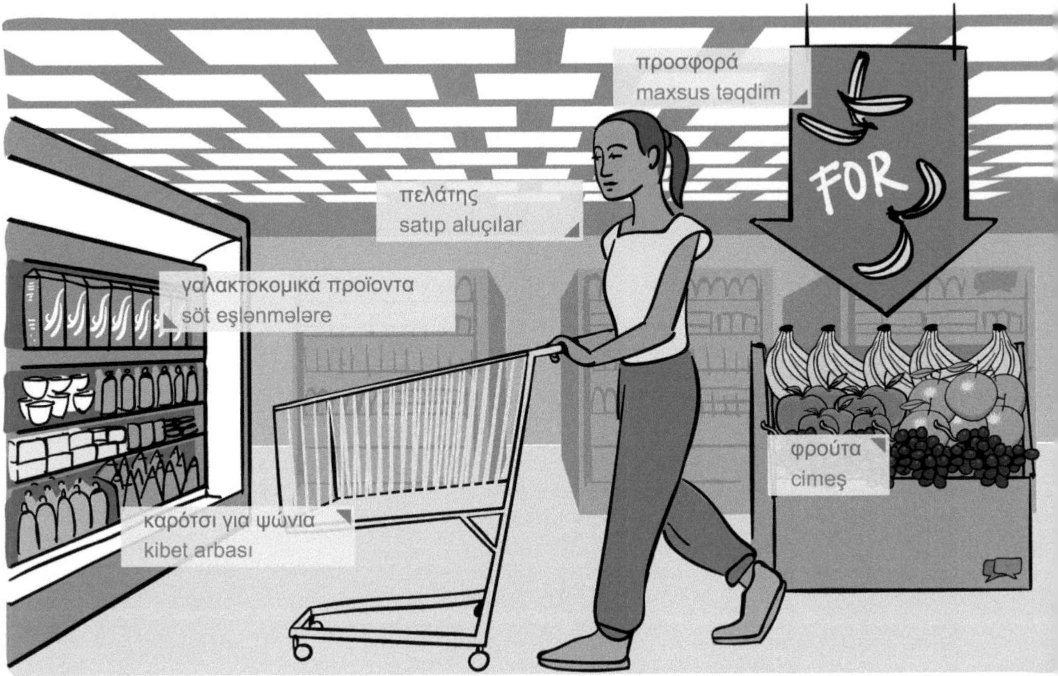

προσφορά
maxsus təqdim
FOR
πελάτης
satıp aluçılar
γαλακτοκομικά προϊόντα
söt eşlənmələre
φρούτα
cimeş
καρότσι για ψώνια
kibet arbası

BUTCHERS

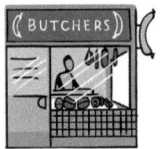

κρεοπωλείο

it kibete

BAKERY

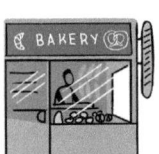

φούρνος

ikməkxanə

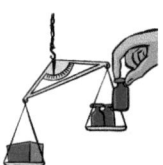

ζυγίζω

ülçəw

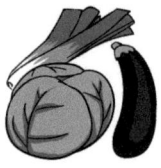

λαχανικά

yəşelçə

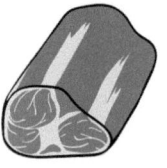

κρέας

it

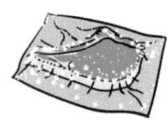

κατεψυγμένα τρόφιμα

tuñdırılğan aşamlıqlar

αλλαντικά
suıq it

κονσερβοποιημένη τροφή
kənsirləngən aşamlıq

απορρυπαντικό ρούχων
ker tuzı

γλυκά
şikərləmələr

οικιακά είδη
öy eşlənmələre

καθαριστικά προϊόντα
təmizlek eşlənmələre

πωλήτρια
satuçı

ταμείο
yazuçı kassa

ταμίας
kassir

λίστα για ψώνια
satıp alu isemlege

ωράριο λειτουργίας
eş waqıtı

πορτοφόλι
qalta

πιστωτική κάρτα
kredit kərte

τσάντα
buqça

πλαστική σακούλα
plastik qapçıq

σούπερ μάρκετ - supermarket

ποτά
eçemleklər

νερό
su

χυμός
sut

γάλα
söt

κόκα κόλα
kola

κρασί
şərəb

μπίρα
sıra

αλκοόλ
xəmer

κακάο
kakao

τσάι
çəy

καφές
qəhwə

εσπρέσο
espresso

καπουτσίνο
kapuçino

φαγητό
azıq

μπανάνα
banan

μήλο
alma

πορτοκάλι
əflisun

πεπόνι
qarbız

λεμόνι
limon

καρότο
kişer

σκόρδο
sarımsaq

μπαμπού
bambu

κρεμμύδι
suğan

μανιτάρι
gömbə

ξηροί καρποί
çikləweklər

νουντλς
toqmaç

μακαρόνια	ρύζι	σαλάτα
spagetti	döge	salat

πατατάκια	τηγανητές πατάτες	πίτσα
çips	qızdırılğan bərəñge	pitsa

χάμπουργκερ	σάντουιτς	κοτολέτα
hamburger	sandwiç	kətlit

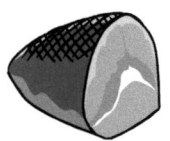

ζαμπόν	σαλάμι	λουκάνικο
ветчина	salami	sosis

κοτόπουλο	ψητό	ψάρι
tawıq ite	qızdırma	balıq

φαγητό - azıq

χυλός βρώμης
solı izməse

μούσλι
müsli

κορν φλέικς
məkkəy keterdege

αλεύρι
on

κρουασάν
kruassan

ψωμάκι
ipi tügərəge

ψωμί
ikmək

τοστ
tost

μπισκότα
kətərməç

βούτυρο
may

τυρόπηγμα
eremçek

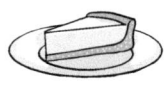

κέικ
kəyk

αυγό
yomırqa

τηγανητό αυγό
təbə

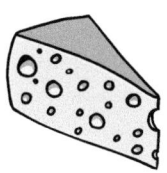

τυρί
pəynir

φαγητό - azıq

παγωτό
tuñdırma

ζάχαρη
şikər

μέλι
bal

μαρμελάδα
qaynatma

άλλειμμα σοκολάτας
şokolad izməse

κάρυ
karri

φαγητό - azıq

αγρόκτημα
çeftlek

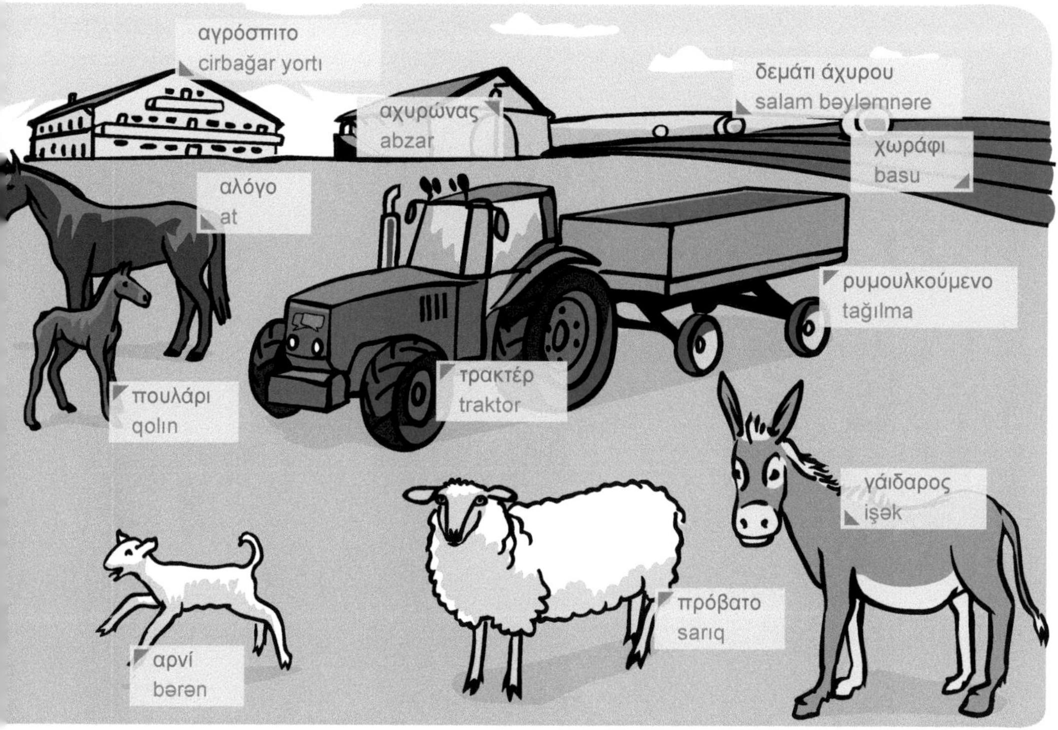

αγρόσπιτο
cirbağar yortı

αχυρώνας
abzar

δεμάτι άχυρου
salam bəyləmnərə

χωράφι
basu

αλόγο
at

ρυμουλκούμενο
tağılma

πουλάρι
qolın

τρακτέρ
traktor

γάιδαρος
işək

αρνί
bərən

πρόβατο
sarıq

κατσίκα
kəcə

αγελάδα
sıyır

μοσχαράκι
bozaw

γουρούνι
duñğız

γουρουνάκι
duñğız balası

ταύρος
ügez

χήνα
qaz

πάπια
ürdək

κοτοπουλάκι
çebi

κότα
tawıq

κόκορας
ətəç

αρουραίος
küse

γάτα
pesi

ποντίκι
tıçqan

βόδι
eş ügeze

σκύλος
et

σπιτάκι σκύλου
et oyası

λάστιχο κήπου
baqça xortumı

ποτιστήρι
susipkeç

θεριστήρι
çalğı

αλέτρι
saban

αγρόκτημα - çeftlek

δρεπάνι
uraq

τσάπα
kitmən

δίκρανο
sənək

τσεκούρι
balta

χειράμαξα
qul arbası

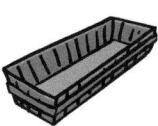

ταΐστρα
tağaraq

δοχείο γάλακτος
söt çiləge

σάκος
qapçıq

φράχτης
qoyma

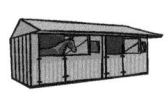

στάβλος
abzar

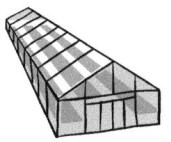

θερμοκήπιο
essexanə

έδαφος
tufraq

σπόρος
orlıq

λίπασμα
aşlama

θεριζοαλωνιστική μηχανή
kombayn

αγρόκτημα - çeftlek

θερίζω
uñış cıyarğa

συγκομιδή
uñış

γιαμς
yam

σιτάρι
boday

σόγια
soya

πατάτα
bərəñge

καλαμπόκι
məkkəy

κράμβη
raps

οπωροφόρο δέντρο
cimeş ağaçı

μανιόκα
manyok

δημητριακά
börtekleler

αγρόκτημα - çeftlek

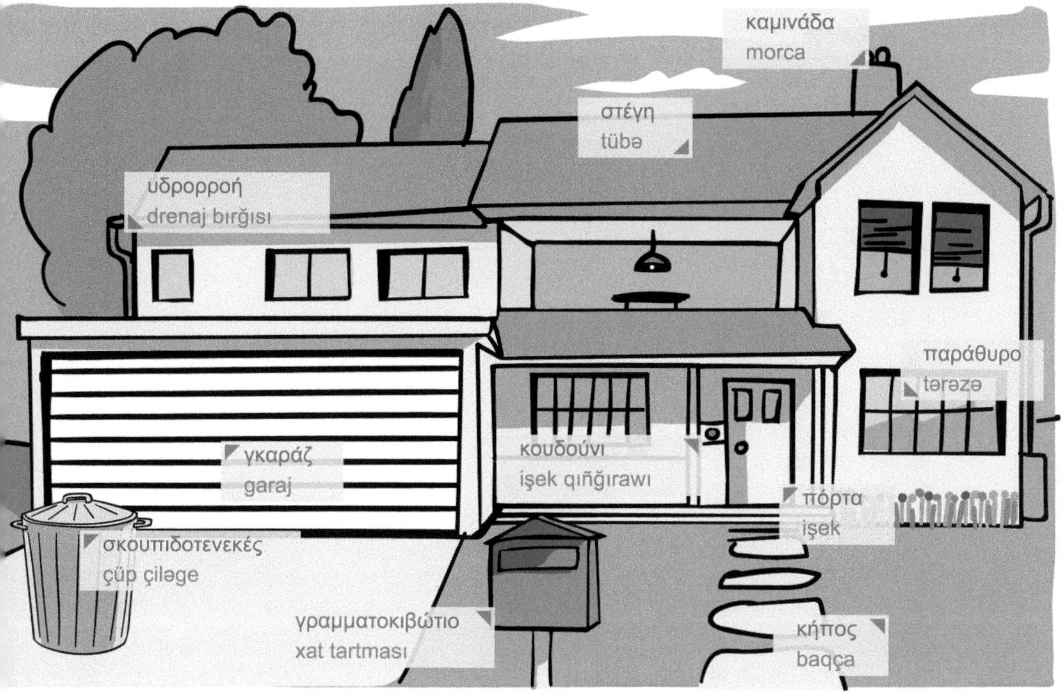

σπίτι
yort

καμινάδα
morca

στέγη
tübə

υδρορροή
drenaj bırğısı

παράθυρο
tərəzə

γκαράζ
garaj

κουδούνι
işek qıñğırawı

πόρτα
işek

σκουπιδοτενεκές
çüp çiləge

γραμματοκιβώτιο
xat tartması

κήπος
baqça

σαλόνι
qunaq bülməse

μπάνιο
yuınu bülməse

κουζίνα
aş bülməse

υπνοδωμάτιο
yataq bülməse

παιδικό δωμάτιο
bala bülməse

τραπεζαρία
aş bülməse

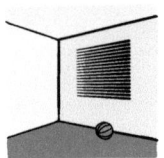
πάτωμα
idän

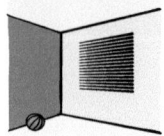
τοίχος
diwar

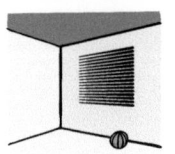
οροφή
tüşəm

κελάρι
tülə

σάουνα
sawna

μπαλκόνι
balkon

βεράντα
teras

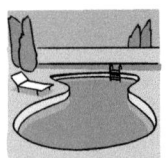
πισίνα
xəwez

μηχανή του γκαζόν
çirəmçapqıç

σεντόνι
cəymə

κάλυμμα κρεβατιού
yataq yapması

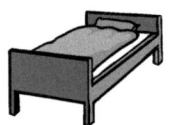
κρεβάτι
yataq

σκούπα
seberke

κουβάς
çilək

διακόπτης
özgeç

σαλόνι
qunaq bülməsə

- ταπετσαρία / diwar kəğəze
- φωτογραφία / rəsem
- λάμπα / lampa
- ράφι / kiştə
- ντουλάπι / dulap
- τζάκι / çual
- τηλεόραση / televiziyə
- λουλούδι / çəçək
- μαξιλάρι / mendər
- καναπές / diwan
- βάζο / nəlbək
- τηλεκοντρόλ / yıraqtan boyırma

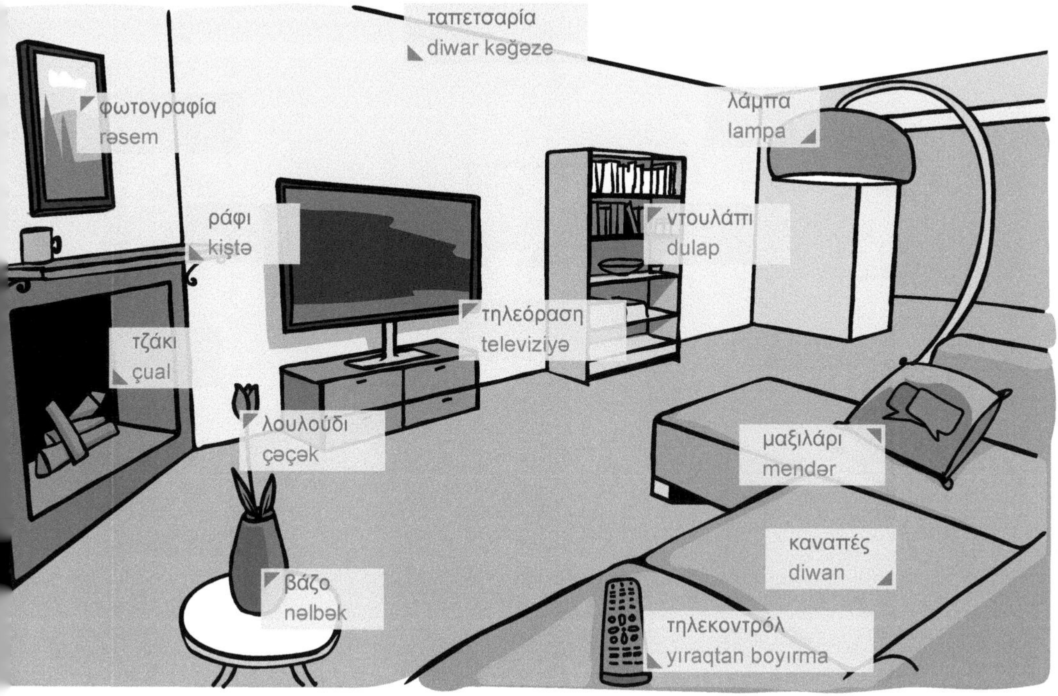

χαλί
keləm

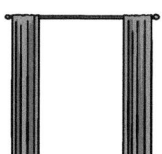

κουρτίνα
pərdə

τραπέζι
östəl

καρέκλα
urındıq

κουνιστή πολυθρόνα
tirbəlmə urındıq

πολυθρόνα
kənəfi

σαλόνι - qunaq bülməsə

βιβλίο
kitap

κουβέρτα
yapma

διακόσμηση
dekor

καυσόξυλα
utın

ταινία
film

στερεοφωνικό σύστημα
hi-fi

κλειδί
açqıç

εφημερίδα
gəcit

πίνακας ζωγραφικής
sürət

αφίσα
poster

ραδιόφωνο
radio

σημειωματάριο
quyın dəftərə

ηλεκτρική σκούπα
tuzansuırğıç

κάκτος
kaktus

κερί
şəm

σαλόνι - qunaq bülməsə

κουζίνα
aş bülməse

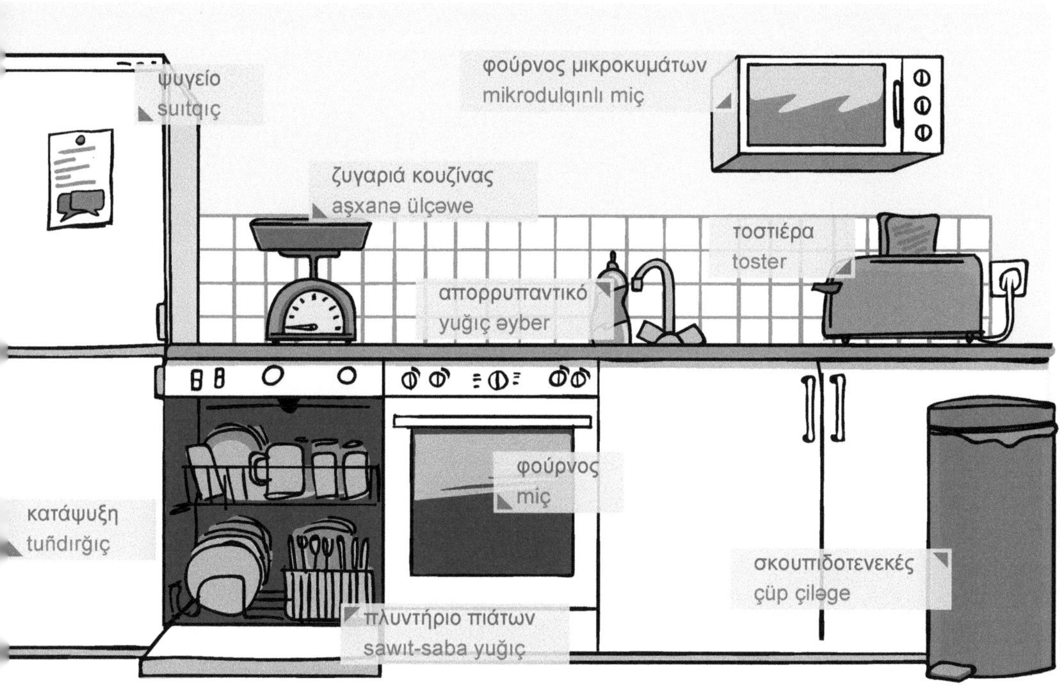

ψυγείο / suitqıc

φούρνος μικροκυμάτων / mikrodulqınlı miç

ζυγαριά κουζίνας / aşxanə ülçəwe

τοστιέρα / toster

απορρυπαντικό / yuğıc əyber

φούρνος / miç

κατάψυξη / tuñdırğıc

σκουπιδοτενεκές / çüp çiləge

πλυντήριο πιάτων / sawıt-saba yuğıc

κουζίνα
əwsək

κατσαρόλα
sağan

μαντεμένια κατσαρόλα
çuyın sağan

γουόκ/καντάι
wok

τηγάνι
taba

βραστήρας
çəygün

κουζίνα - aş bülməse

ατμομάγειρας
bulı peşergeç

ταψί
qalay

πιατικά
sawıt-saba

κούπα
təgəç

μπολ
kəsə

ξυλάκια
aşaw tayaqçıqları

κουτάλα
ucaw

σπάτουλα
spatula

ανακατεύω
tuğlağıç

σουρωτήρι
sözgeç

σουρωτηράκι
ilək

τρίφτης
qırğıç

γουδί
kile

ψησταριά
barbekü

ανοιχτή φωτιά
açıq uçaq

σανίδα κοπής
taqta

πλάστης
uqlaw

ανοιχτήρι φελλών
böke suırğıç

κονσέρβα
metal tartma

ανοιχτήρι κονσέρβας
kənsir açqıç

γάντι φούρνου
miç biyələye

νεροχύτης
kirşən

βούρτσα
fırça

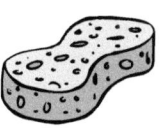

σφουγγάρι
bolıt

μπλέντερ
blender

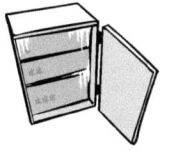

καταψύκτης
tirən tuñdırğıç

μπιμπερό
imezlekle şeşə

βρύση
çömək

κουζίνα - aş bülməse 37

μπάνιο
yuınu bülməse

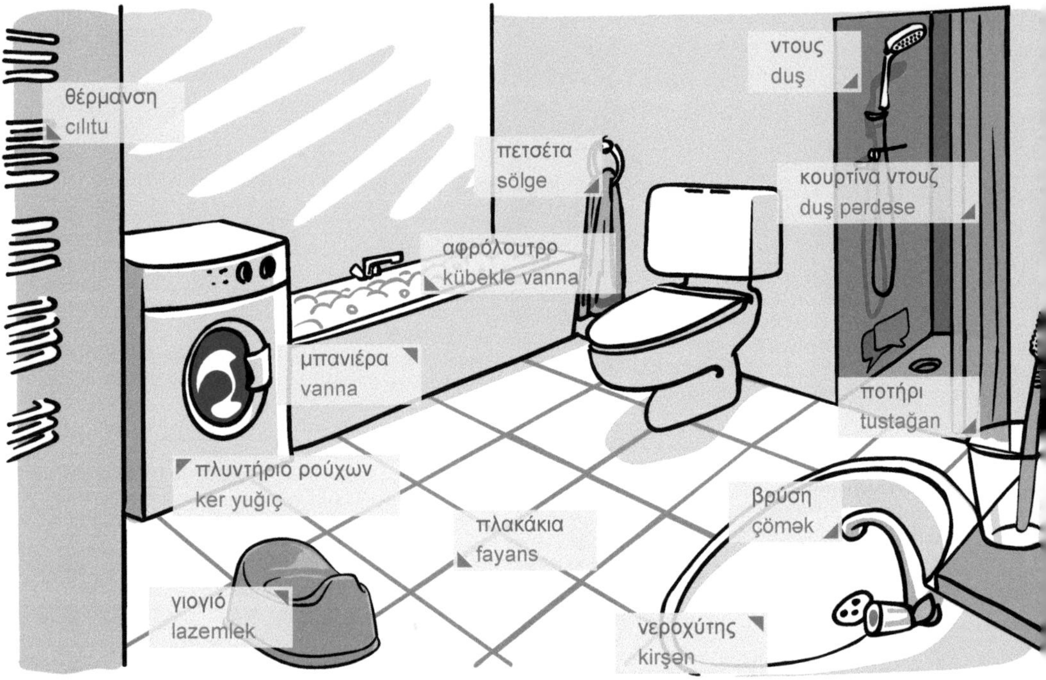

ντους
duş

θέρμανση
cılıtu

πετσέτα
sölge

κουρτίνα ντουζ
duş pərdəse

αφρόλουτρο
kübekle vanna

μπανιέρα
vanna

ποτήρι
tustağan

πλυντήριο ρούχων
ker yuğıç

βρύση
çömək

πλακάκια
fayans

γιογιό
lazemlek

νεροχύτης
kirşen

τουαλέτα

bədrəf

τούρκικη τουαλέτα

törekçə bədrəf

μπιντές

bide

ουρητήριο

pissuar

χαρτί υγείας

bədrəf kəğəze

πιγκάλ

bədrəf fırçası

οδοντόβουρτσα
teş fırçası

οδοντόκρεμα
teş məğcüne

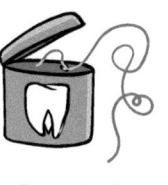
οδοντικό νήμα
teş cebe

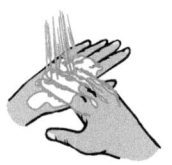
πλένω
yuarğa

τηλέφωνο ντους
duş başlığı

ντουσιέρα
duş

λεκάνη
kirşən

βούρτσα πλάτης
arqa fırçası

σαπούνι
sabın

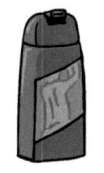
αφρόλουτρο
duş señəle

σαμπουάν
şampun

φανέλα
munçala

σιφόνι
ağım

κρέμα
krem

αποσμητικό
dezodorant

μπάνιο - yuınu bülməse

καθρέφτης
közge

καθρέφτης χειρός
qul közgese

ξυραφάκι
östərə

αφρός ξυρίσματος
qırınu kübege

αφτερσέιβ
qırınu losyonı

χτένα
taraq

βούρτσα
fırça

σεσουάρ
fön

λακ
çəç sprəye

μακιγιάζ
makiyaj

κραγιόν
iren innege

βερνίκι νυχιών
tırnaq cələse

βαμβάκι
mamıq

ψαλίδι νυχιών
tırnaq qayçısı

άρωμα
xuşbuy

μπάνιο - yuınu bülməse

νεσεσέρ
makiyaj buqçası

σκαμπό
utırğıç

ζυγαριά
ülçəw

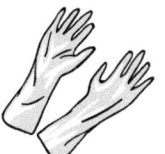

μπουρνούζι
çoba

ελαστικά γάντια
rezin iləsə

ταμπόν
tampon

πετσέτα υγιεινής
higiyenik pəd

χημική τουαλέτα
kimiyəwi bədrəf

μπάνιο - yuınu bülməse

παιδικό δωμάτιο
bala bülməse

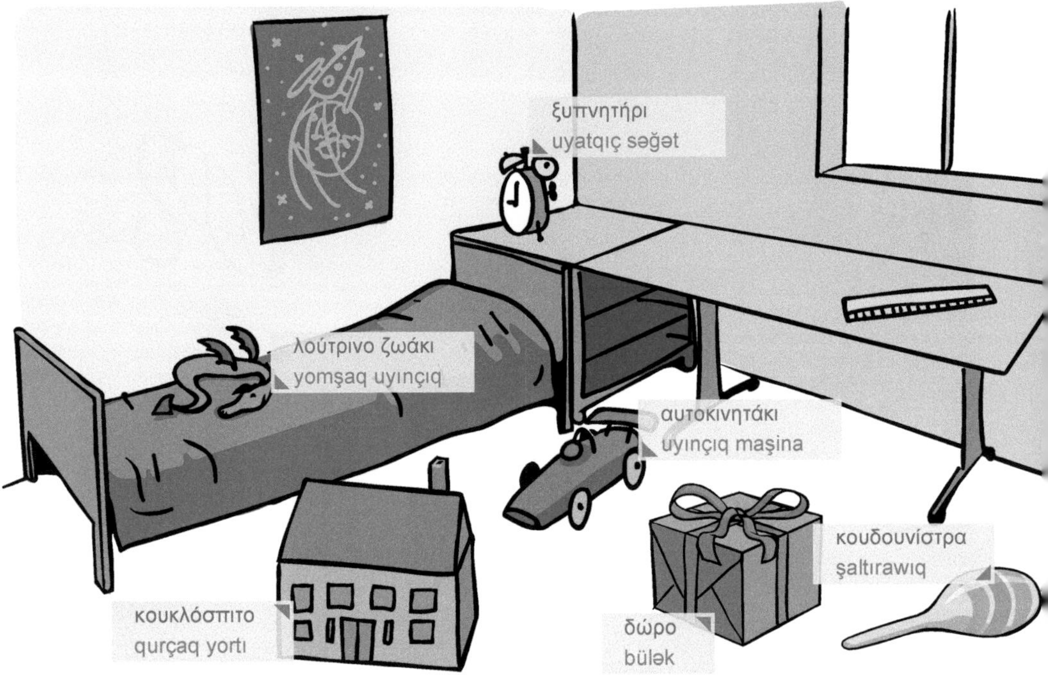

ξυπνητήρι
uyatqıç səğət

λούτρινο ζωάκι
yomşaq uyinçıq

αυτοκινητάκι
uyinçıq maşina

κουδουνίστρα
şaltırawıq

κουκλόσπιτο
qurçaq yortı

δώρο
bülək

μπαλόνι
hawa şarı

κρεβάτι
yataq

καροτσάκι
bəbi arbası

τράπουλα
kərt dəstəse

παζλ
pazl

κόμικς
komiks

τουβλάκια lego
lego kirpeçlәre

τουβλάκια κατασκευών
şaqmaqlar

φιγούρα δράσης
uyın sınçığı

βρεφικό φορμάκι
zıbın

φρίσμπι
frisbi

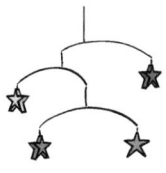

μόμπιλο
mobil

επιτραπέζιο παιχνίδι
östәl uyını

ζάρια
uyın taşı

σετ τρενάκι
trәn modele cıyılması

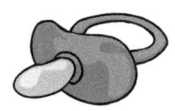

πιπίλα
imezlek

πάρτι
kiçә

εικονογραφημένο βιβλίο
rәsemle kitap

μπάλα
tup

κούκλα
qurçaq

παίζω
uynarğa

παιδικό δωμάτιο - bala bülmәse

σκάμμα με άμμο
qomlıq

κούνια
tağan

παιχνίδια
uyınçıqlar

κονσόλα βιντεοπαιχνιδιών
uyın quşması

τρίκυκλο
öç köpçəkle səpid

αρκουδάκι
uyınçıq ayu

ντουλάπα
kiyem dulabı

ρούχα
kiyem

κάλτσες
oyıqbaş

καλτσοδέτες
oyıq

καλσόν
oyığıştan

κασκόλ
şarf

ομπρέλα
qulçatır

μπλουζάκι
t-külmək

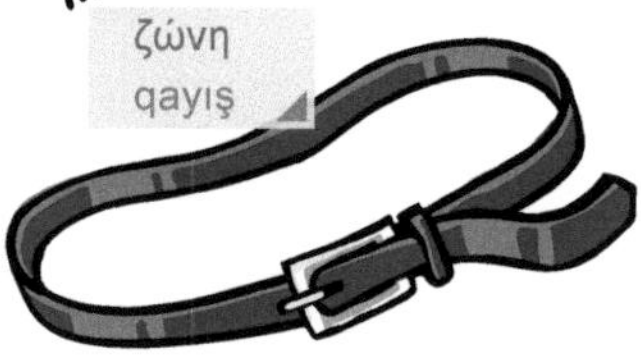

ζώνη
qayış

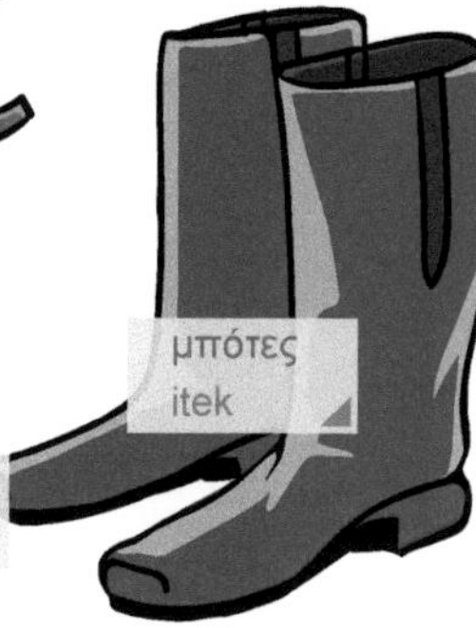

μπότες
itek

παντόφλες
çəpələy

αθλητικά παπούτσια
sport ayaq kiyeme

σανδάλια
sandallar

παπούτσια
ayaq kiyeme

γαλότσες
rezin itek

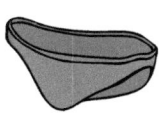

εσώρουχο
tənban

σουτιέν
tüşti

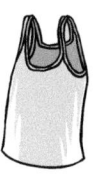

φανέλα
cələk

ρούχα - kiyem

σώμα bodi	παντελόνι çalbar	τζιν παντελόνι jins

φούστα itək	μπλούζα bluz	πουκάμισο külmək

πουλόβερ sviter	πουλόβερ hudi	σακάκι bleyzer

μπουφάν jaket	παλτό bişmət	αδιάβροχο πανωφόρι yañğırlıq

κοστούμι kəçtüm	φόρεμα külmək	νυφικό tuy külməge

ρούχα - kiyem

κοστούμι
taqım kiyem

νυχτικό
tönge külmək

πιτζάμες
pijama

σάρι
sari

μαντήλι
yawlıq

τουρμπάνι
çalma

μπούρκα
burqa

καφτάνι
çapan

μουσουλμανικό ένδυμα
abaya

ολόσωμο μαγιό
qoyınu kiyeme

ανδρικό μαγιό
yözü tənbanı

σορτς
şort

αθλητική φόρμα
sport kiyeme

ποδιά
alyapqıç

γάντια
iləsə

ρούχα - kiyem

κουμπί
töymə

γυαλιά
küzlek

βραχιόλι
beləzek

περιδέραιο
muyınsa

δαχτυλίδι
baldaq

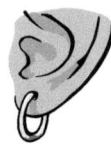

σκουλαρίκι
alqa

καπέλο
kəpəç

κρεμάστρα
elgeç

καπέλο
eşləpə

γραβάτα
muyınbaw

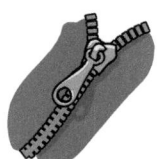

φερμουάρ
zıncır

κράνος
oçlam

τιράντες
çalbar asması

μαθητική στολή
məktəp forması

στολή
forma

ρούχα - kiyem

σαλιάρα
balalar kükrəkçəse

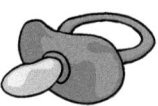
πιπίλα
imezlek

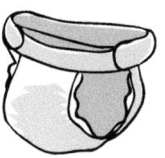
πάνα
küzələ

γραφείο
ofis

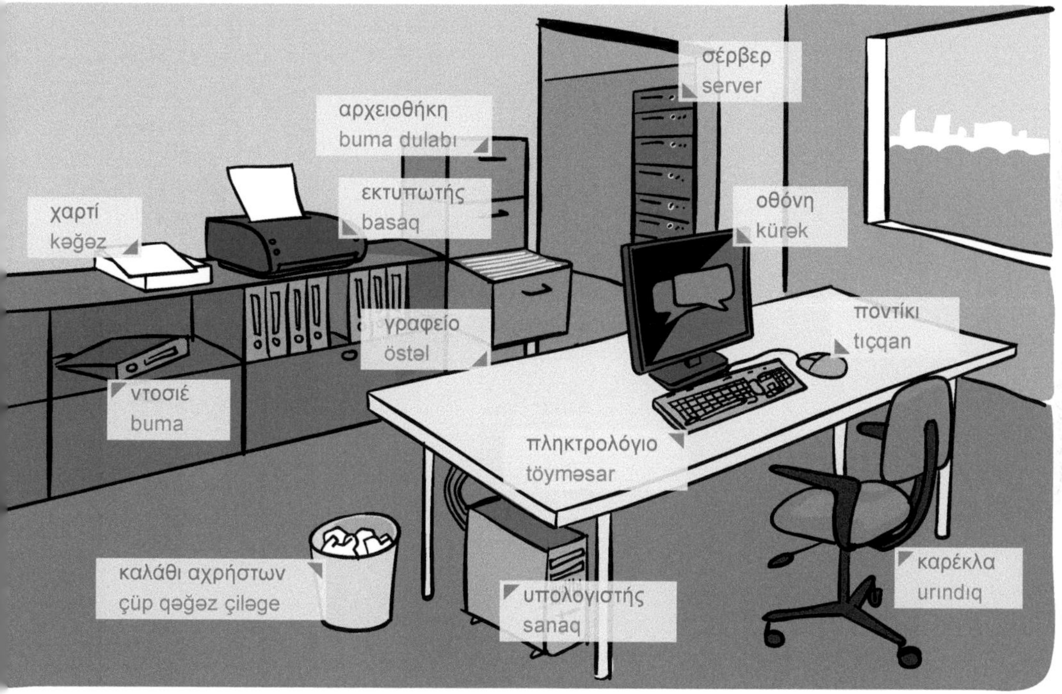

- αρχειοθήκη / buma dulabı
- σέρβερ / server
- χαρτί / kəğəz
- εκτυπωτής / basaq
- οθόνη / kürək
- γραφείο / östəl
- ποντίκι / tıçqan
- ντοσιέ / buma
- πληκτρολόγιο / töymәsar
- καρέκλα / urındıq
- καλάθι αχρήστων / çüp qәğәz çilәge
- υπολογιστής / sanaq

κούπα του καφέ
qәhwә tәgәçe

κομπιουτεράκι
sansanar

ίντερνετ
internet

γραφείο - ofis

λάπτοπ

ləptop

γράμμα

xat

μήνυμα

xəbər

κινητό

kesə telefonı

δίκτυο

çeltər

φωτοτυπικό μηχάνημα

fotokopyaçı

λογισμικό

program təminatı

τηλέφωνο

telefon

πρίζα

ayırğıç

συσκευή φαξ

faks

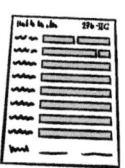

έντυπο

form

έγγραφο

dokument

γραφείο - ofis

οικονομία
iqtisad

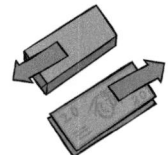
αγοράζω
satıp alırğa

πληρώνω
tülərgə

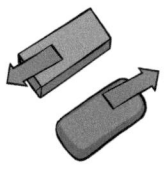
συναλλάσσομαι
səwdə itərgə

χρήματα
aqça

USD

δολάριο
dollar

EUR

ευρώ
euro

 **JPY**

γιεν
yen

 **RUB**

ρούβλι
sum

 **CHF**

ελβετικό φράγκο
frank

 **CNY**

ρενμίνμπι γιουάν
yuan

 **INR**

ρουπία
rupi

ATM (αυτόματη ταμειακή μηχανή)
bankomat

ανταλλακτήρια συναλλάγματος
valüta bürosı

χρυσός
altın

ασήμι
kömeş

πετρέλαιο
qaramay

ενέργεια
energiyə

τιμή
bəyə

συμβόλαιο
kontrakt

φόρος
salım

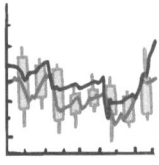

μετοχή
stok

δουλεύω
eşlərgə

υπάλληλος
eşçe

εργοδότης
eş birüçe

εργοστάσιο
fabrika

κατάστημα
kibet

οικονομία - iqtisad

επαγγέλματα
hönərlər

- αστυνόμος / polisə xezmətkərə
- πυροσβέστης / yanğın sünderüçe
- μάγειρας / aşçı
- γιατρός / tabib
- πιλότος / oçuçi

κηπουρός
baqçaçı

ξυλουργός
ağaç ostası

μοδίστρα
tegüçe

δικαστής
xökemçe

χημικός
kimiyəçe

ηθοποιός
aktor

επαγγέλματα - hönərlər

οδηγός λεωφορείου
awtobus yörtüçe

ταξιτζής
taksiçe

ψαράς
balıqçı

καθαρίστρια
cıyıştıruçı xatın

τεχνίτης στεγών
tübə yabuçı

σερβιτόρος
tabınçı

κυνηγός
awçı

ζωγράφος
rəssam

αρτοποιός
ikməkçe

ηλεκτρολόγος
elektrçı

οικοδόμος
tözüçe

μηχανολόγος
möhəndis

κρεοπώλης
itçe

υδραυλικός
çöməkçe

ταχυδρόμος
yamılçı

επαγγέλματα - hönərlər

στρατιώτης
əsgəri

αρχιτέκτονας
miğmar

ταμίας
kassir

ανθοπώλης
çəçəkçə

κομμωτής
çəçtaraş

ελεγκτής εισιτηρίων
konduktor

μηχανικός
mekanik

καπετάνιος
kapitan

οδοντίατρος
teş tabibı

επιστήμονας
ğalim

ραβίνος
rabbi

ιμάμης
imam

μοναχός
kəşiş

ιερέας
ruxani

επαγγέλματα - hönərlər

εργαλεία
əlɘtlər

σφυρί
çükeç

πένσα
qarğaborın

κατσαβίδι
şörepborğıç

Γαλλικό κλειδί
İngliz açqıçı

φακός
qul fanarı

εκσκαφέας

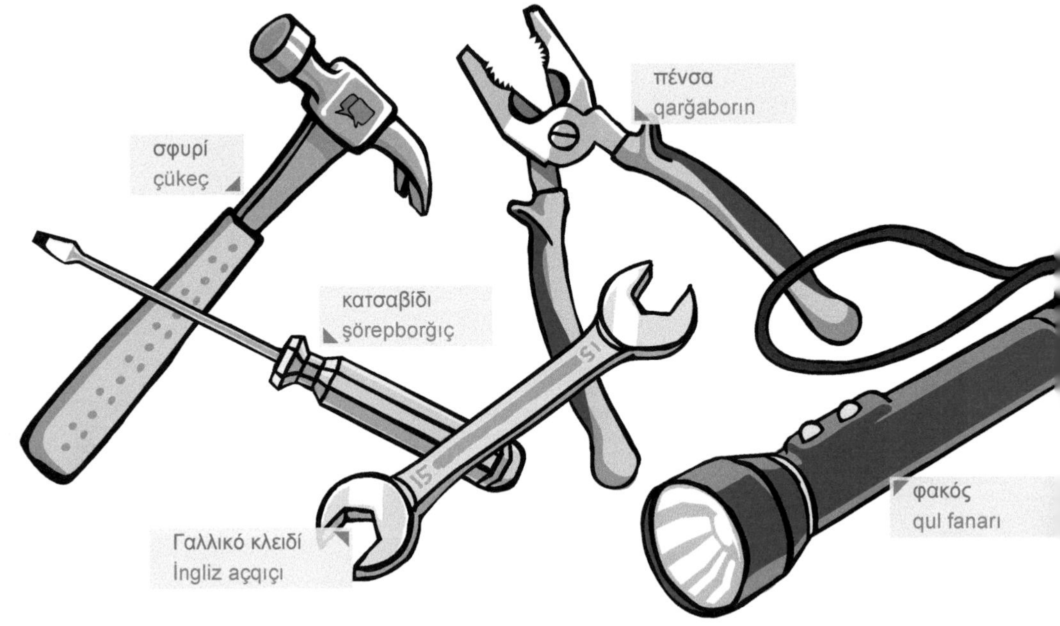

qazu maşinası

εργαλειοθήκη

ələt buqçası

σκάλα

basqıç

πριόνι

pıçqı

καρφιά

qadaqlar

τρυπάνι

dril

επισκευάζω
tözətergə

φτυάρι
körək

Να πάρει!
Şaytan alğırı!

φαράσι
sosqı

δοχείο χρωμάτων
buyaw sawıtı

βίδες
mıqlar

μουσικά όργανα
muzıka alətlərе

κοντραμπάσο
kontrabas

ντραμς
dawılbaz taqımı

τρομπέτα
bırğı

μεγάφωνο
tawış köçəytkeç

κιθάρα
gitar

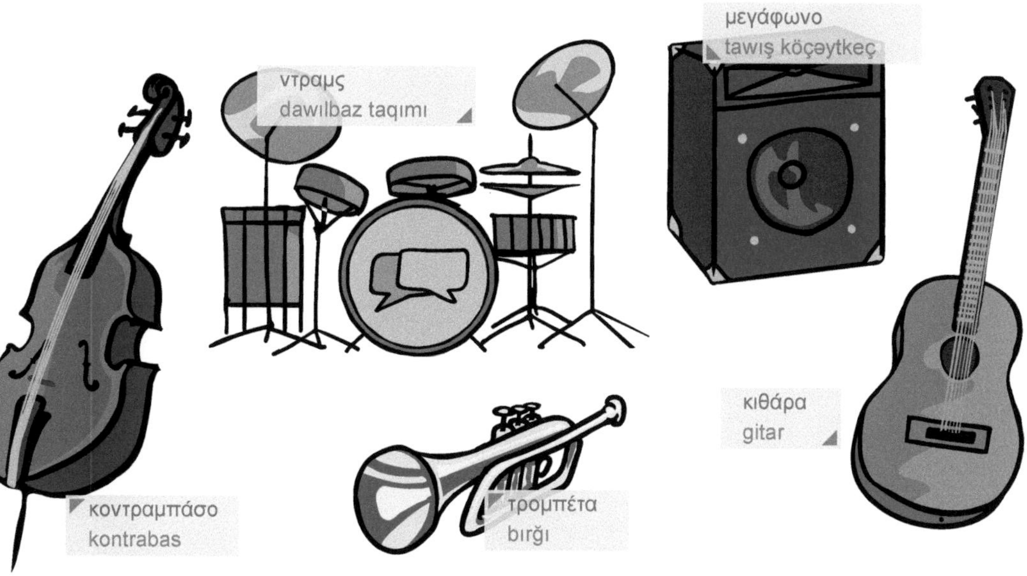

πιάνο
piano

βιολί
kəmən

μπάσο
bas gitar

τύμπανα
timpani

τύμπανο
dawılbaz

πλήκτρα
töyməsar

σαξόφωνο
saksofon

φλάουτο
flüt

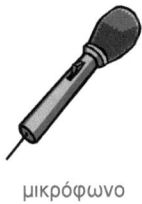
μικρόφωνο
mikrofon

μουσικά όργανα - muzika alətlərə

ζωολογικός κήπος
xaywan baqçası

- τίγρης / yulbarıs
- κλουβί / çitlek
- ζέβρα / zebra
- ζωοτροφή / terlek azıǵı
- είσοδος / kerü
- πάντα / panda

ζώα
xaywannar

ελέφαντας
fil

καγκουρό
köngerə

ρινόκερος
kərkədən

γορίλας
gorilla

αρκούδα
ayu

καμήλα
döyə

στρουθοκάμηλος
təwə qoşı

λιοντάρι
arıslan

πίθηκος
maymıl

φλαμίνγκο
flamingo

παπαγάλος
tutıy qoş

πολική αρκούδα
aq ayu

πιγκουίνος
pingwin

καρχαρίας
küpek balığı

παγώνι
tawis

φίδι
yılan

κροκόδειλος
timsax

φύλακας ζωολογικού κήπου
xaywan baqçası xezmətkəre

φώκια
suete

τζάγκουαρ
yaguar

ζωολογικός κήπος - xaywan baqçası

πόνυ
poni

λεοπάρδαλη
qaplan

ιπποπόταμος
su ayğırı

καμηλοπάρδαλη
zörəfə

αετός
börket

αγριογούρουνο
qaban duñğızı

ψάρι
balıq

χελώνα
taşbaqa

θαλάσσιος ίππος
morşa

αλεπού
tölke

γαζέλα
ğəzəl

ζωολογικός κήπος - xaywan baqçası

αθλήματα
sport törləre

δραστηριότητες
itkenleklər

γελάω
kölərgə

πηδάω
sikererge

αγκαλιάζω
qoçaqlarğa

περπατάω
yörergə

τραγουδάω
cırlarğa

ονειρεύομαι
xıyallanırğa

προσεύχομαι
ğibədət qılırğa

φιλάω
übərgə

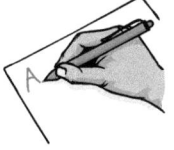

γράφω
yazarğa

σχεδιάζω
rəsem yasarğa

δείχνω
kürsətergə

πιέζω
etərgə

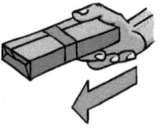

δίνω
birergə

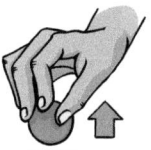

παίρνω
alırğa

έχω
iyə bulırğa

κάνω
eşlərgə

είμαι
bulırğa

στέκομαι
basıp torırğa

τρέχω
yögerergə

τραβάω
tartırğa

ρίχνω
taşlarğa

πέφτω
yığılırğa

ξαπλώνω
yatarğa

περιμένω
kötərgə

κουβαλώ
taşırğa

κάθομαι
utırırğa

φοράω
kiyenergə

κοιμάμαι
yoqlarğa

ξυπνάω
uyanırğa

δραστηριότητες - itkenleklər

κοιτάω
qararğa

κλαίω
yılarğa

χαϊδεύω
sıparğa

χτενίζω
tararğa

μιλάω
söyləşergə

καταλαβαίνω
añlarğa

ρωτάω
sorarğa

ακούω
tıñlarğa

πίνω
eçərgə

τρώω
aşarğa

συγυρίζω
cıyıştırınırğa

αγαπάω
söyərgə

μαγειρεύω
peşerergä

οδηγώ
sörergə

πετάω
oçarğa

δραστηριότητες - itkenleklər

κάνω ιστιοπλοΐα
diñgezge açılu

υπολογίζω
isəpləw

διαβάζω
uqırğa

μαθαίνω
öyrənergə

δουλεύω
eşlərgə

παντρεύομαι
öylənergə

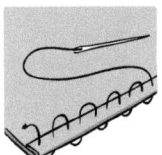
ράβω
tegərgə

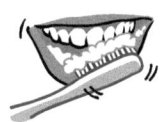
βουρτσίζω τα δόντια
teş fırçalarğa

σκοτώνω
üterergə

καπνίζω
təməke tartırğa

στέλνω
cibərergə

οικογένεια
ğailə

γιαγιά / əbi
παππούς / babay
πατέρας / ata
μητέρα / ana
μωρό / sabıy
κόρη / qız
γιος / ul

καλεσμένος
qunaq

θεία
apa

θείος
abıy

αδελφός
abıy / ene

αδελφή
apa / señel

σώμα
tən

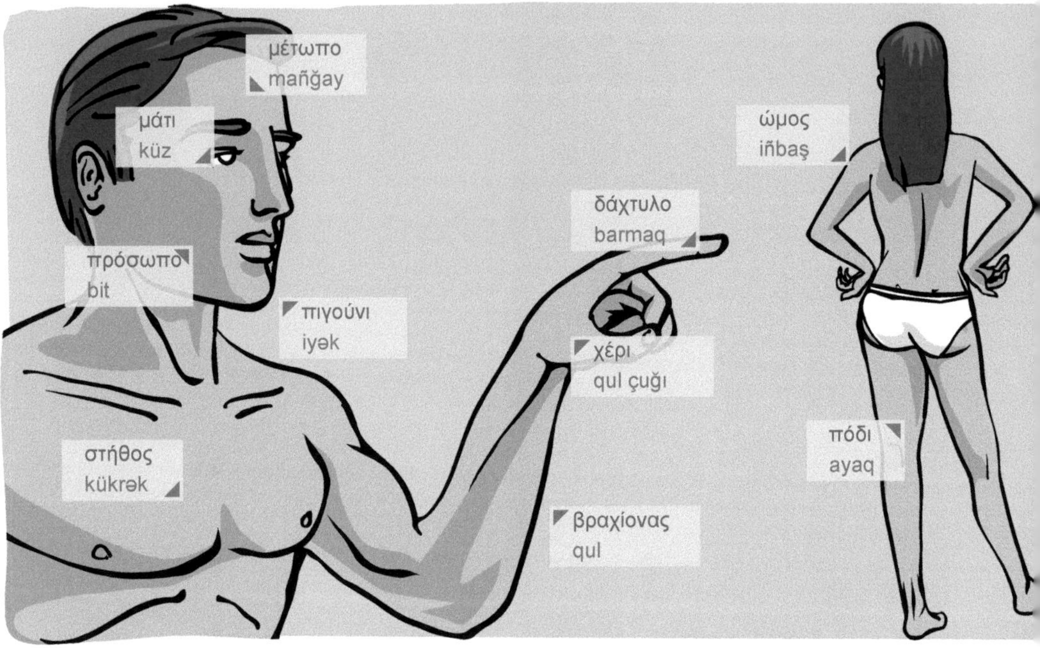

- μέτωπο / mañğay
- μάτι / küz
- πρόσωπο / bit
- στήθος / kükrək
- πιγούνι / iyək
- δάχτυλο / barmaq
- χέρι / qul çuğı
- βραχίονας / qul
- ώμος / iñbaş
- πόδι / ayaq

μωρό
sabıy

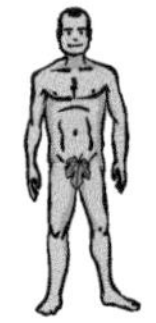

άνδρας
ir

γυναίκα
xatın

κορίτσι
qız

αγόρι
malay

κεφάλι
baş

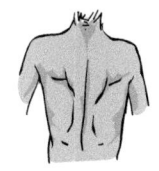

πλάτη
arqa

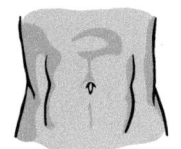

κοιλιά
eç

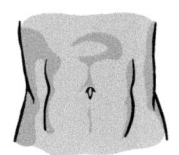

αφαλός
kendek

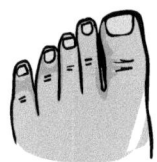

δάχτυλο ποδιού
ayaq barmağı

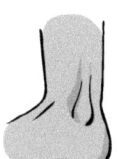

φτέρνα
ükçə

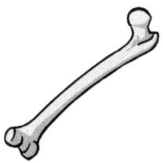

κόκκαλο
söyək

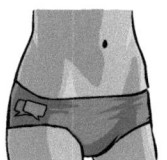

γοφός
bot

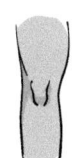

γόνατο
tez

αγκώνας
tersək

μύτη
borın

γλουτός
art san

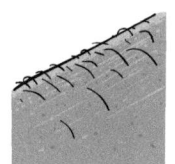

δέρμα
tire

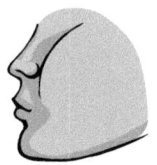

μάγουλο
yañaq

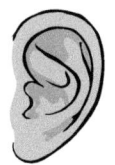

αυτί
qolaq

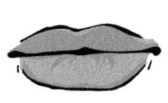

χείλος
iren

σώμα - tən

στόμα
awız

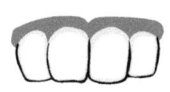

δόντι
teş

γλώσσα
tel

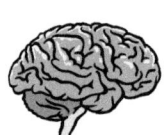

εγκέφαλος
mi

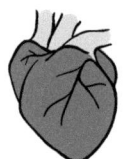

καρδιά
yörək

μυς
ğəzlə

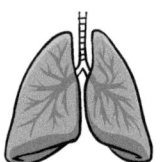

πνεύμονας
üpkə

συκώτι
bawır

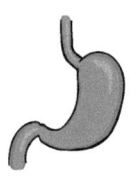

στομάχι
aşqazanı

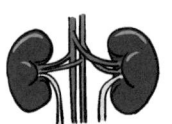

νεφρά
böyerlər

σεξουαλική επαφή
seks

προφυλακτικό
prezervativ

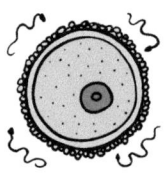

ωάριο
kükəy küzənək

σπέρμα
məni

εγκυμοσύνη
kömən

σώμα - tən

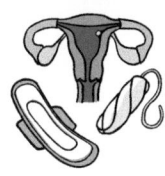  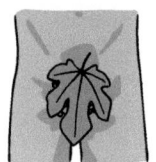

περίοδος	γυναικείος κόλπος	πέος
kürem	vagina	penis

  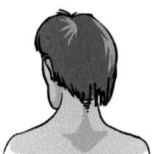

φρύδι	μαλλιά	λαιμός
qaş	çəçlər	muyın

νοσοκομείο
xastaxanə

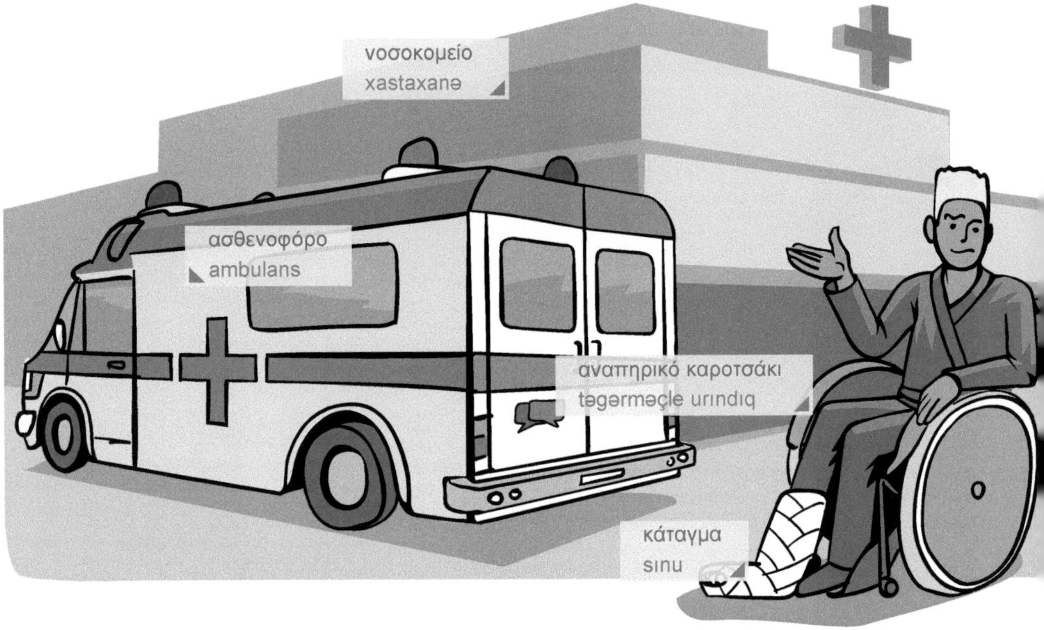

νοσοκομείο
xastaxanə

ασθενοφόρο
ambulans

αναπηρικό καροτσάκι
təgərməcle urındıq

κάταγμα
sınu

γιατρός
tabib

μονάδα εντατικής θεραπείας

aşığıç yərdəm bülməse

νοσοκόμα
şəfqət tutaşı

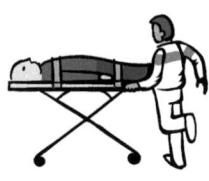

έκτακτη ανάγκη
kiçektergesez xəl

λιπόθυμος
añsız

πόνος
awırtu

τραύμα
cərəxətlənü

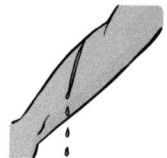
αιμορραγία
qan ağu

έμφραγμα
infarkt

εγκεφαλικό
insult

αλλεργία
allergiyə

βήχας
yütəl

πυρετός
qızu

γρίπη
grip

διάρροια
eç kitü

πονοκέφαλος
baş awırtu

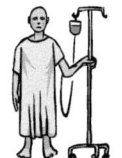
καρκίνος
yaman şeş

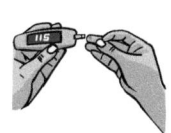
διαβήτης
diabet

χειρουργός
xirurg

νυστέρι
skalpel

εγχείρηση
ğəməliyət

νοσοκομείο - xastaxanə

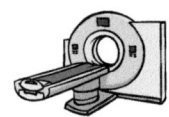
αξονική τομογραφία
ST

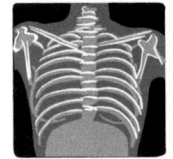
ακτινογραφία
röntgen

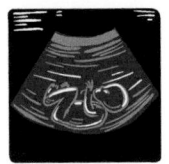
υπέρηχος
ultratawış

μάσκα
bitlek

ασθένεια
awıru

αίθουσα αναμονής
kötü bülməse

πατερίτσα
qultıq tayağı

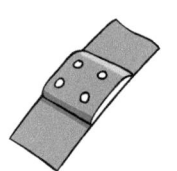
χάνσαπλαστ
plaster

επίδεσμος
bəyləweç

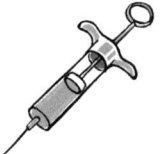
ένεση
qadaw

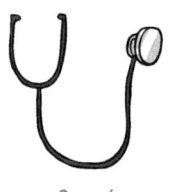
στηθοσκόπιο
stetoskop

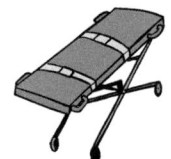
φορείο
sədiyə

θερμόμετρο
klinik termometr

γέννηση
tuu

υπέρβαρο
artıq awırlıq

νοσοκομείο - xastaxanə

ακουστικό βαρηκοΐας
işetü cihazı

αντισηπτικό
dezinfektant

λοίμωξη
yoğış

ιός
virus

HIV/AIDS
KİV / BİDS

φάρμακο
daru

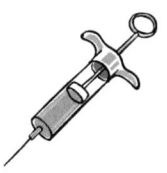
εμβολιασμός
vaksinalanu

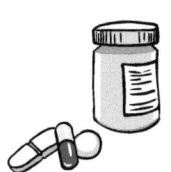
δισκία
tabletlər

χάπι
kontraseptiv tablet

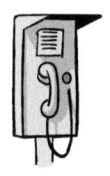
κλήση έκτακτης ανάγκης
aşığıç çaqıru

πιεσόμετρο αίματος
qan basımı ülçəgeçe

άρρωστος / υγιής
awıru / sələmət

νοσοκομείο - xastaxanə

έκτακτη ανάγκη
kiçektergesez xəl

Βοήθεια!
Qotqarığız!

συναγερμός
xəwef tawışı

βιαιοπραγία
höcüm

επίθεση
höcüm

κίνδυνος
qurqınıç

έξοδος κινδύνου
aşığıç çığu

πυροσβεστήρας
ut sündergeç

ατύχημα
qaza

κουτί πρώτων βοηθειών
berençe yərdəm buqçası

SOS
SOS

αστυνομία
polisə

Φωτιά!
Yanğın!

Γη
Cir

Ευρώπη
Awrupa

Βόρεια Αμερική
Tönyaq Amerika

Νότια Αμερική
Könyaq Amerika

Αφρική
Afrika

Ασία
Asya

Αυστραλία
Awstralya

Ατλαντικός Ωκεανός
Atlantik okean

Ειρηνικός Ωκεανός
Tın okean

Ινδικός Ωκεανός
Hind okeanı

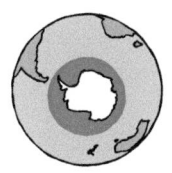

Ανταρκτικός Ωκεανός
Antarktik okean

Αρκτικός Ωκεανός
Arktik okean

Βόρειος Πόλος
Tönyaq qotıp

Νότιος Πόλος
Könyaq qotıp

Ανταρκτική
Antarktika

Γη
Cir

γη
qorı cir

θάλασσα
diñgez

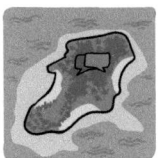

νησί
utraw

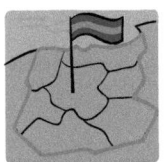

έθνος
millət

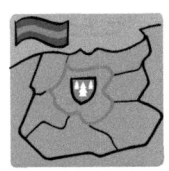

πολιτεία
dəwlət

ρολόι
səğət

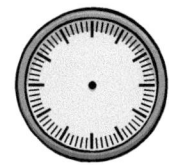

καντράν ρολογιού
səğət bite

ωροδείκτης
səğət uğı

λεπτοδείκτης
minut uğı

δείκτης δευτερολέπτων
sekund uğı

Τι ώρα είναι;
Səğət niçə?

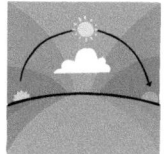

ημέρα
kön

χρόνος
waqıt

τώρα
xəzer

ψηφιακό ρολόι
dijital səğət

λεπτό
minut

ώρα
səğət

εβδομάδα
atna

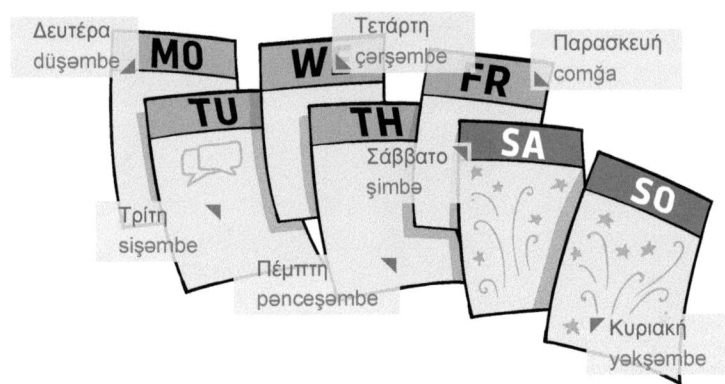

Δευτέρα / düşəmbe — MO
Τετάρτη / çərşəmbe — W
Παρασκευή / comğa — FR
TU
TH
Σάββατο / şimbə — SA
Τρίτη / sişəmbe
Πέμπτη / pəncəşəmbe
SO
Κυριακή / yəkşəmbe

χθες
kiçə

σήμερα
bügen

αύριο
irtəgə

πρωί
irtə

μεσημέρι
töş

βράδυ
kiç

εργάσιμες ημέρες
eş könnəre

Σαββατοκύριακο
yal könnəre

80 εβδομάδα - atna

έτος
yıl

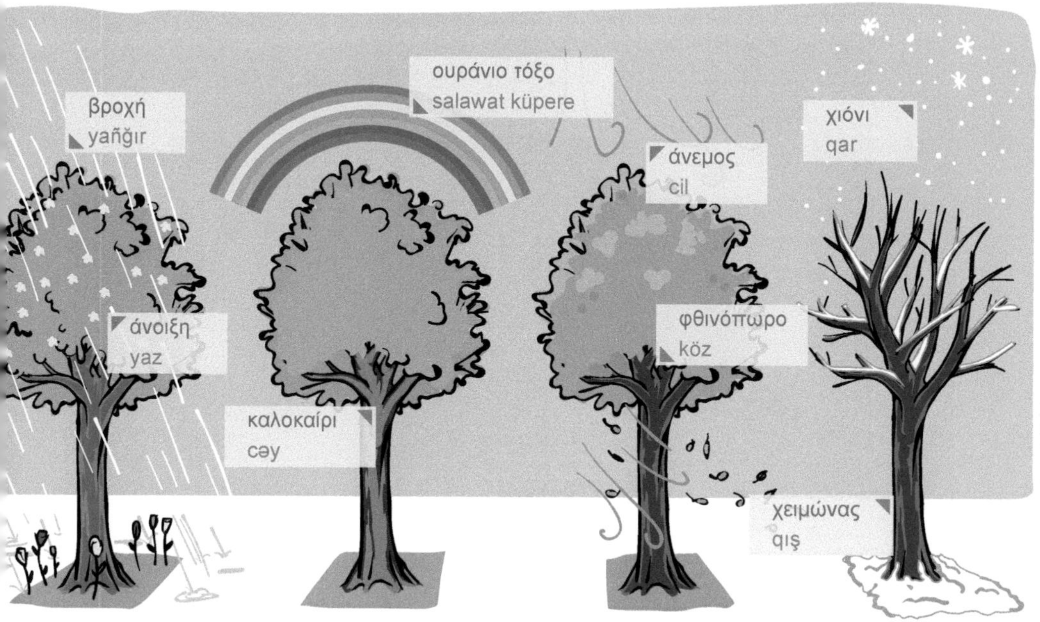

βροχή
yañğır

ουράνιο τόξο
salawat küpere

άνεμος
cil

χιόνι
qar

άνοιξη
yaz

καλοκαίρι
cəy

φθινόπωρο
köz

χειμώνας
qış

πρόγνωση καιρού
hawa torışı

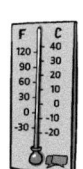

θερμόμετρο
termometr

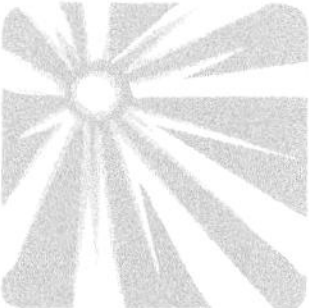

λιακάδα
qoyaş yaqtısı

σύννεφο
bolıt

ομίχλη
toman

υγρασία
dımlılıq

αστραπή
yəşen

κεραυνός
kük kükrəw

καταιγίδα
dawıl

χαλάζι
boz

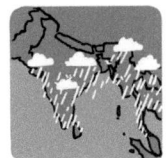

μουσώνας
musson

πλημμύρα
su basu

πάγος
boz

Ιανουάριος
Qırlaç

Φεβρουάριος
Aqman

Μάρτιος
Buşay

Απρίλιος
Yañarış

Μάιος
Saban

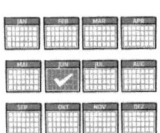

Ιούνιος
Çereşmə

Ιούλιος
Peçən

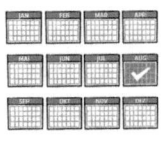

Αύγουστος
Uraq

έτος - yıl

Σεπτέμβριος
Indır

Οκτώβριος
Bilek

Νοέμβριος
Qaraköz

Δεκέμβριος
Kerəw

σχήματα
şəkellər

κύκλος
tügərək

τετράγωνο
dürtkel

ορθογώνιο
παραλληλόγραμμο
turıpoçmaq

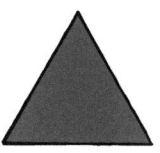
τρίγωνο
öçpoçmaq

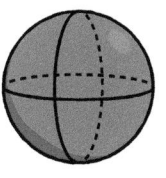
σφαίρα
körrə

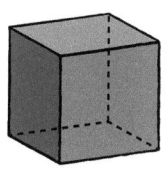
κύβος
kub

σχήματα - şəkellər

χρώματα
töslər

άσπρο
aq

κίτρινο
sarı

πορτοκαλί
qızğılt sarı

ροζ
al

κόκκινο
qızıl

μωβ
şəməxə

μπλε
zəngər

πράσινο
yəşel

καφέ
körən

γκρι
sorı

μαύρο
qara

αντίθετα
qapma-qarşılıqlar

πολύ / λίγο
küp / az

θυμωμένος / ήρεμος
usal / tınıç

όμορφος / άσχημος
matur / yəmsez

αρχή / τέλος
baş / axır

μεγάλος / μικρός
zur / keçkenə

φωτεινός / σκοτεινός
yaqtı / qarañğı

αδελφός / αδελφή
abıy, ene / apa, señel

καθαρός / λερωμένος
taza / pıçraq

πλήρης / ατελής
təmam / təmamlanmağan

ημέρα / νύχτα
kön / tön

νεκρός / ζωντανός
üle / tere

φαρδύς / στενός
kiñ / tar

βρώσιμος / μη βρώσιμος

aşarğa yaraqlı / aşarğa yaraqsız

κακός / ευγενικός

yaman / yaxşı

ενθουσιασμένος / βαριεστημένος

dulqınlanğan / yalıqqan

παχύς / λεπτός

yuan / yabıq

πρώτος / τελευταίος

berençe / soñğı

φίλος / εχθρός

dus / doşman

γεμάτος / άδειος

tulı / buş

σκληρός / μαλακός

qatı / yomşaq

βαρύς / ελαφρύς

awır / ciñel

πείνα / δίψα

açlıq / susaw

άρρωστος / υγιής

awıru / sələmət

παράνομος / νόμιμος

qanunsız / qanunlı

έξυπνος / χαζός

aqıllı / aqılsız

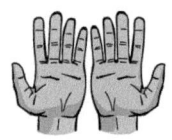

αριστερός / δεξιός

sul / uñ

κοντινός / μακρινός

yaqın / yıraq

αντίθετα - qapma-qarşılıqlar

καινούριος /
μεταχειρισμένος
yaña / qullanılğan

τίποτα / κάτι

hiçnərsə / nərsəder

γέρος | νέος

ölkən / yəş

αναμμένος / σβηστός

ozdırılğan / sünderelgən

ανοιχτός / κλειστός

açıq / yabıq

χαμηλόφωνος /
μεγαλόφωνος
tawışsız / göreltele

πλούσιος / φτωχός

bay / yarlı

σωστός / λανθασμένος

döres / yalğış

τραχύς / λείος

qıtırşı / şoma

πημένος / χαρούμενος

küñelsez / küñelle

κοντός / μακρύς

qısqa / ozın

αργός / γρήγορος

aqrın / tiz

υγρός / στεγνός

dımlı / qorı

ζεστός / δροσερός

cılı / salqın

πόλεμος / ειρήνη

suğış / tınıçlıq

αντίθετα - qapma-qarşılıqlar

αριθμοί
sannar

0
μηδέν
sıfır

1
ένα
ber

2
δύο
ike

3
τρία
öç

4
τέσσερα
dürt

5
πέντε
biş

6
έξι
altı

7
εφτά
cide

8
οκτώ
sigez

9
εννιά
tuğız

10
δέκα
un

11
έντεκα
unber

12
δώδεκα
unike

13
δεκατρία
unöç

14
δεκατέσσερα
undürt

15
δεκαπέντε
unbiş

16
δεκαέξι
unaltı

17
δεκαεφτά
uncide

18
δεκαοκτώ
unsigez

19
δεκαεννέα
untuğız

20
είκοσι
yegerme

100
εκατό
yöz

1.000
χίλια
meñ

1.000.000
εκατομμύριο
million

αριθμοί - sannar

γλώσσες
tellər

Αγγλικά
inglizcə

Αμερικάνικα Αγγλικά
Amerika inglizcəse

Μανδαρίνικα Κινέζικα
Mandarin qıtayçası

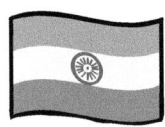

Χίντι
hindi

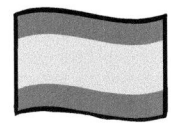

Ισπανικά
İspança

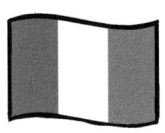

Γαλλικά
Fransızça

Αραβικά
Ğərəpcə

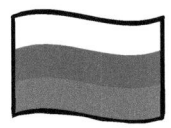

Ρώσικα
Rusça

Πορτογαλικά
Portugalça

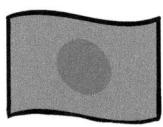

Μπενγκάλι
Bengali

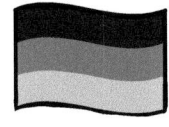

Γερμανικά
Almança

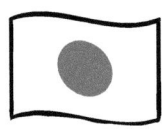

Ιαπωνικά
Yaponça

ποιος / τι / πως
kem / nərsə / niçek

εγώ
min

εσύ
sin

αυτός / αυτή / αυτό
ul / ul / ul

εμείς
bez

εσείς
sez

αυτοί / αυτές / αυτά
alar

ποιος / ποια / ποιο;
kem?

τι;
nərsə?

πώς;
niçek?

πού;
qayda?

πότε;
qayçan?

όνομα
isem

που
qayda

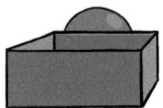

πίσω
artta

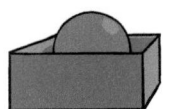

μέσα
eçendə

μπροστά
aldında

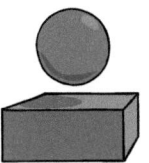

πάνω από
östendə

πάνω
östendə

κάτω
astında

δίπλα
yanında

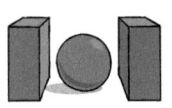

ανάμεσα
arasında

μέρος
urın